BEI GRIN MACHT SICH IHI
WISSEN BEZAHLT

- Wir veröffentlichen Ihre Hausarbeit,
  Bachelor- und Masterarbeit

- Ihr eigenes eBook und Buch -
  weltweit in allen wichtigen Shops

- Verdienen Sie an jedem Verkauf

Jetzt bei www.GRIN.com hochladen
und kostenlos publizieren

Bibliografische Information der Deutschen Nationalbibliothek:

Die Deutsche Bibliothek verzeichnet diese Publikation in der Deutschen National-
bibliografie; detaillierte bibliografische Daten sind im Internet über http://dnb.d-
nb.de/ abrufbar.

Impressum:

Copyright © 2009 GRIN Verlag, Open Publishing GmbH
Druck und Bindung: Books on Demand GmbH, Norderstedt Germany
ISBN: 9783640805266

Dieses Buch bei GRIN:

http://www.grin.com/de/e-book/138101/moeglichkeiten-der-nutzung-von-social-
media-fuer-unternehmerisches-innovationsmanagement

Thomas Pätzold

Möglichkeiten der Nutzung von Social Media für unternehmerisches Innovationsmanagement

GRIN Verlag

GRIN - Your knowledge has value

Der GRIN Verlag publiziert seit 1998 wissenschaftliche Arbeiten von Studenten, Hochschullehrern und anderen Akademikern als eBook und gedrucktes Buch. Die Verlagswebsite www.grin.com ist die ideale Plattform zur Veröffentlichung von Hausarbeiten, Abschlussarbeiten, wissenschaftlichen Aufsätzen, Dissertationen und Fachbüchern.

Besuchen Sie uns im Internet:

http://www.grin.com/

http://www.facebook.com/grincom

http://www.twitter.com/grin_com

Möglichkeiten der Nutzung von Social Media für unternehmerisches
Innovationsmanagement

BACHELORARBEIT

zur Erlangung des Grades eines

Bachelor of Science Wirtschaftsinformatik

Fachbereich Informatik

eingereicht von

Thomas Pätzold

Schmalkalden, den 19. August 2009

Inhaltsverzeichnis

Abbildungsverzeichnis

1. Einleitung

1.1 Bedeutung von Innovationen für Unternehmen

Wenn ein Unternehmen keine Innovationen für seine Produkte und Dienstleistungen vorweist und durchsetzt, hat es langfristig gesehen keinen Erfolg. Dabei sind vor allem die Firmen erfolgreich, welche bahnbrechende, ungewöhnliche und neue Innovationen auf den Markt bringen. Bestehende Produkte zu verbessern, reicht allein nicht aus.

Diese Ansicht vertreten laut Horváth & Partners 87 % der Führungskräfte in Unternehmen. Dabei sei sogar nur die Hälfte der Unternehmen bereit, neue Innovationen zu fördern. Die kreativen Entwickler finden sich bisher meist nur in den Forschungsabteilungen. Es ist aber nötig, die Kreativität aller Mitarbeiter zu fördern und zu nutzen. Dieses Potenzial ist bereits vorhanden und für das gesamte Personal erlernbar, wird aber momentan zu oft verschwendet. [1]

Zusätzlich zu den Möglichkeiten, Innovationen innerhalb eines Unternehmens zu erzeugen, bietet das Internet viele Wege, Neuerungen für einen Konzern zu gewinnen.

Dabei ist es nicht einmal zwingend notwendig, viel Aufwand mit der Gründung von Plattformen zu betreiben, sondern es bieten sich bestehende Infrastrukturen an, um das Innovationspotenzial der Internetuser zu nutzen.

Rund 734 Millionen von den 1,1 Milliarden Internetnutzern weltweit nutzen soziale Netzwerke. Sie tauschen sich über ihre Erfahrungen und Gefühle aus, äußern ihre Ideen und Wünsche und beraten einander. Dabei werden soziale Inhalte im Internet generiert, sogenannte Social Media. [2]

Wie aus solchen Inhalten für ein Unternehmen relevante Daten gefiltert werden können, um Innovation zu erzeugen, und wie mit ähnlichen Methoden die eigenen Mitarbeiter zu kreativen Lösungsvorschlägen motiviert werden können, soll diese Arbeit zeigen.

---

[1] Vgl. Pressetext Nachrichtenagentur: Unternehmen verschwenden Innovationspotenzial, Wien/ Zürich, https://www.klamm.de/partner/...
[2] Vgl. Schmidt, Holger: 734 Millionen Menschen nutzen Soziale Netzwerke: http://faz-community .faz.net/blogs/netzkonom/...

1.2 Problemstellung und Zielsetzung

Die Menge an Informationen im Internet ist unermesslich. Es gibt keine Methode und kein System, welche das world wide web durchsuchen bzw. überwachen kann. Der Untersuchungsraum muss erst sinnvoll eingegrenzt werden, um Informationen daraus zu gewinnen.

Solche Untersuchungsgebiete sollen in dieser Arbeit gezeigt werden. Dabei bieten sich verschiedene Plattformen und Netzwerke im Internet an, die relevante Social Media beinhalten. Das Ziel ist, unwichtige Informationen von wichtigen zu trennen. Alle wichtigen Informationen können anschließend analysiert und bewertet werden.

Die hier betrachtete Art von Informationen umfasst alle Ideen und Lösungsvorschläge, die von unabhängigen Nutzern im Internet geäußert werden, und einem Unternehmen zu Innovationen und zur Produktweiterentwicklung verhelfen. Dabei soll im Folgenden nach der Definition von notwendigen Grundbegriffen, der Innovationsprozess selbst beleuchtet und der Weg bzw. die Notwendigkeit der Öffnung dieses Prozesses für externe Quellen dargestellt werden.

Anschließend sollen verschiedene Wege gezeigt werden, solche Quellen für ein Unternehmen effektiv zu nutzen. Dazu werden verschiedene Plattformen bezüglich ihres Innovationspotenzials analysiert. Daraus ergeben sich ein Nutzen für die Konzerne und gleichzeitig ein Anreiz für die Internetnutzer, welche aber oftmals sehr unterschiedlich ausgeprägt sind. Zusätzlich werden Vor- und Nachteile abgewogen und, sofern möglich, Verbesserungsvorschläge aufgezeigt, die das Potenzial erhöhen können. Außerdem sollen grobe Kosten- und Aufwandsschätzungen für jedes Modell abgegeben werden.

Diese Arbeit dient dazu, einen Überblick darüber zu geben, wie Unternehmen Social Media für ihr Innovationsmanagement nutzen können. Dabei eignen sich selbstverständlich für jede Firma unterschiedliche Modelle.

Die vorgestellten Modelle sind anhand von Beispielplattformen im Internet erklärt, wobei diese Beispiele häufig von vielen ähnlichen Angeboten unterstützt werden und eine vollständige Darstellung dieser nicht zweckmäßig wäre.

Zusätzlich zur Innovationsgewinnung mittels externer Quellen wird gesondert auf die Ideengenerierung durch interne Mitarbeiter eingegangen, da auch hier ein großes Potenzial besteht.

Abschließend sollen die vorgestellten Möglichkeiten zusammengefasst und bewertet werden. Dazu werden die Erkenntnisse aus allen Modellen dargestellt und ein Ausblick für zukünftige Projekte gegeben.

2. Grundlegende Begriffe

2.1 Social Media

Als Social Media werden in dieser Arbeit alle Äußerungen von Privatpersonen verstanden, die im Internet veröffentlicht werden. Diese von Nutzern generierten Inhalte umfassen Ideen, Meinungsäußerungen, Kritik, Lob, Ansichten und Einstellungen.

Möglich sind diese Veröffentlichungen beispielsweise durch Blogs, Online Communities, Videoportale, Ideenportale und Bewertungsportale. Social Media dient demnach auch als ein Oberbegriff für alle Netzwerke und Plattformen im Internet, die der Kommunikation zwischen Internetnutzern dienen.

Die Besonderheit bei allen sozialen Medien liegt dabei in der Interaktion. Im Gegensatz zu traditionellen Medien, wie Zeitung oder Fernsehen, ist es dem Konsumenten möglich, mit dem Sender der Inhalte in Kontakt zu treten. Der Zuschauer wird damit aktiv und kann Einfluss auf die Inhalte nehmen bzw. seinen Standpunkt gegenüber diesen darstellen. Während dieser Dialog zwischen Sender und Rezipient bzw. unter verschiedenen Nutzern stattfindet, werden also soziale Medien generiert.[3]

Aus diesen überall verfügbaren, frei zugänglichen Inhalten können Unternehmen Nutzen ziehen.[4] Im Fokus dieser Arbeit steht dabei die Unterstützung des Innovationsmanagements durch die eben genannten sozialen Medien.

2.2 Social Media Monitoring

Als Social Media Monitoring wird eine besondere Form des Webmonitorings verstanden. Webmonitoring umfasst die ständige Überwachung des Internets zu einem bestimmten Thema. Beispielsweise untersuchen Unternehmen das Internet auf imageschädigenden Markenmissbrauch, Produktpiraterie oder ähnliche Gefahrenpotenziale.[5]

---

[3] Vgl. Berg, Christian: Definition: Social Media: http://blog.lprs.de/?p=27
[4] Vgl. Common Craft: Social Media in Plain English, http://www.commoncraft.com/store-item/socialmedia
[5] Vgl. Plieninger, Markus, Schapke, Falk: Webmonitoring und Websitemonitoring, S. 6

Social Media Monitoring ist auf Social Media ausgerichtetes Webmonitoring. Es werden beispielsweise Blogs und Foreneinträge oder Bewertungen zu bestimmten Produkten oder Unternehmen überwacht bzw. gesucht, analysiert und gegebenenfalls verwertet.

Wie diese Methodik für Innovationsansätze genutzt werden kann, wird im späteren Verlauf der Arbeit an Beispielen beschrieben.

2.3 Innovation und Open Innovation

Der Begriff Innovation ist sehr weitläufig und vielseitig, weshalb eine Definition, die alle Gesichtspunkte des Begriffs betrachtet, sehr umfangreich ist.

Laut Duden ist eine Innovation eine Erneuerung eines bestehenden bzw. eine Neuerung ohne einen Vorgänger.[6] Prinzipiell entspricht dies dem Wort Neuheit. Dabei ist aber unbedingt auf bestimmte Rahmenbedingungen zu achten, wie dem Bezugspunkt oder dem Innovationsgrad.

Es muss demnach jeweils unterschiedlich betrachtet werden, für wen etwas neu ist und wie neu das Produkt oder das Verfahren ist, um eine Innovation zuverlässig zu klassifizieren.[7]

Diese Arbeit wird sich hauptsächlich mit Produktinnovationen, also „Erneuerungen im Leistungsprogramm einer Unternehmung"[8] beschäftigen, wobei sowohl Verbesserungen von bestehenden Produkten sowie komplette Neuentwicklungen betrachtet werden sollen.

Im Folgenden wird zwischen zwei Arten der Innovationen unterschieden. Zum einen existiert in Unternehmensstrategien die interne Innovation, bei der ein Unternehmen die Neu- oder Weiterentwicklung seiner Produkte und deren Vermarktung vollständig selbstständig durchführt. Die Ausarbeitung von Ideen und die Entwicklung übernimmt dabei eine Forschungs- und Entwicklungsabteilung unter weitgehendem Ausschluss externer Quellen.[9]

Zum anderen entwickelte sich in den letzten Jahrzehnten die Methodik der Open Innovation. Dabei wird der vorher interne Innovationsprozess für Außen-

---

[6] Vgl. Duden: Die deutsche Rechtschreibung, Ausgabe 21, Mannheim, 1996, S. 372
[7] Vgl. Winkler, Thomas: Entwicklung eines Instrumentariums zur Erfolgsanalyse von Innovationsprojekten, S. 7 f.
[8] Winkler, Thomas: Entwicklung eines Instrumentariums zur Erfolgsanalyse von Innovationsprojekten, S. 7 f.
[9] Vgl. Kammerer, Matthias: Open Innovation - Ursachen, Instrumente und Motivation der Öffnung des Innovationsprozesses, S. 4

stehende zugänglich gemacht und somit der Kunde in die Ideengenerierung und Produktentwicklung einbezogen.[10] Dadurch kann die unternehmenseigene Forschungsabteilung entlastet und ein höheres Maß an Innovationen durch die Beteiligung von Außenstehenden erreicht werden.

Die Einbeziehung von Kunden in den Innovationsprozess mittels Social Media und die Entlastung des Innovationsmanagements wird in dieser Arbeit als Kernpunkt behandelt.

2.4 Innovationsmanagement

Innovationsmanagement beinhaltet das Auffinden neuer Ideen und Innovationen und deren systematische Umsetzung im Umfeld eines Unternehmens mittels gezielter Maßnahmen. Dieser Einsatz von Neuerungen kann sich auf Fertigungsverfahren, Geschäftsprozesse, Organisationsformen oder neue Produkte und Dienstleistungen beziehen. Das Verfahren ist aufgrund seiner Komplexität und Bedeutung eine Führungsaufgabe und umfasst verschiedene Planungs- und Kontrollfunktionen.[11]

Mit dieser Managementaufgabe sollen kreative Ideen in erfolgreiche Konzepte umgesetzt werden. Dabei betreut das Innovationsmanagement den Innovationsprozess von der Generierung der Idee bis hin zur Einführung des neuen Produkts oder Verfahrens. Dafür gibt es verschiedene Ablaufmodelle, die für jede Innovation angepasst werden müssen und Feedback erfordern. Dieses Feedback umfasst zum Beispiel Rücksprachen und Erfahrungen aus vorhergegangenen Projekten. Nach erfolgreicher Entwicklung und Einführung der Innovation, kann anschließend der Markterfolg anhand von Absatzzahlen sowie Gewinn- und Verlustrechnungen gemessen werden.[12]

Diese Arbeit wird sich vorwiegend mit dem Anstoß des Innovationsmanagements, also der Generierung von Ideen und Innovationen, befassen. Dabei sollen Möglichkeiten vorgestellt werden, die das Innovationsmanagement vereinfachen, entlasten und verkürzen. Besonders die Startphase des Innovationsprozesses soll mithilfe von Social Media beschleunigt werden.

---

[10] Vgl. Kammerer, Matthias: Open Innovation - Ursachen, Instrumente und Motivation der Öffnung des Innovationsprozesses, S. 10
[11] Vgl. Women Exist, Glossar von A bis Z: http://www.dripartner.de/conpresso/abisz/glossar.htm
[12] Vgl. Tintelnot, Claus, Meisser, Dirk, Steinmeier, Ina: Innovationsmanagement, S. 4 f.

3. Der Traditionelle Innovationsprozess im Vergleich zum Open Innovation Prozess

3.1 Von der traditionellen Innovation zur Open Innovation

Wie in der Definition der Innovation bereits erwähnt, war es bis zum Ende des 20. Jahrhunderts üblich, Entwicklungsprozesse in Unternehmen intern unter weitgehendem Ausschluss externer Quellen durchzuführen.

Der Erfolg eines Unternehmens und seiner Produkte war demnach maßgeblich von der Qualität der eigenen Forschungs- und Entwicklungsabteilung und deren Budget abhängig, was dieser Abteilung einen hohen strategischen Wert zuordnete.

Notwendig war diese Methode zu damaliger Zeit, da das Wissen nicht wie heutzutage weit gefächert und vorwiegend kostenfrei durch das Internet verfügbar war. Unternehmen waren demnach auf sich allein gestellt und konnten ihr Überleben nur sichern, wenn sie Vorreiter waren und nicht auf Konkurrenzprodukte warteten. Dies konnte nur mit unternehmensinterner Forschung ermöglicht werden.

Dabei ergab sich der Vorteil, dass die Forschung überwiegend ohne Schnittstellen nach außen durchgeführt wurde, und dadurch sicher vor Spionage durch Konkurrenten war. Das eingespielte Forschungsteam konnte so zuverlässig neue Innovationen einführen und mit neuen Produkten Gewinne erwirtschaften, die für weitere Forschungsprojekte eingesetzt werden konnten.[13]

Im Fokus standen somit immer der Wissensvorteil gegenüber der Konkurrenz und die Vormachtstellung.

Die Vorteile dieses Innovationsmodells verloren jedoch ab Mitte des 20. Jahrhunderts immer mehr an Bedeutung. Lang geschultes und erfolgreiches Fachpersonal wurde von Konkurrenzunternehmen mit besseren Angeboten abgeworben, wodurch die Schulungsmaßnahmen des Personals und das interne Wissen einem anderen Unternehmen zugute kamen. Die Anzahl von potenziellen Konkurrenten stieg in dieser Zeit rapide an. Begünstigt wurde dies durch großzügige Kreditgeber, wodurch die Möglichkeit bestand, gutes Forschungs-

---

[13] Vgl. Kammerer, Matthias: Open Innovation - Ursachen, Instrumente und Motivation der Öffnung des Innovationsprozesses, S. 4 ff.

personal mit hohen Geldsummen abzuwerben und eigene Produkte auf den Markt zu bringen. [14]

Durch die steigenden Durchschnittsgehälter für Forschungspersonal und die fortlaufend verkürzten Produktlebenszyklen stiegen auch die Aufwände für die Produktforschung. Wissen wurde durch Veröffentlichungen von universitären Studien und durch die Verbreitung des Internets immer leichter zugänglich.

Der Kundenkreis für Unternehmen wuchs so sehr an, dass deren Wünsche in die Forschung mit einbezogen werden mussten. Mit internen Innovationsprozessen war dies jedoch nicht möglich.

Es war also zwingend nötig, die Entwicklungsprozesse zu öffnen und externe Quellen mit einzubeziehen.

3.2 Vorteile der Open Innovation für Unternehmen und Kunden

Die Öffnung des Innovationsprozesses von Unternehmen für außenstehende Quellen bietet für beide Seiten Vorteile.

Wenn Nutzer eine Problemstellung haben, die mit bestehenden Produkten nicht lösbar ist, entwickeln sie häufig selbstständig eine Idee zur Lösung des Problems. Diese Lösung kann mit Social Media an ein Unternehmen weitergeleitet werden und eine Produktentwicklung initiieren. Nach erfolgreicher Entwicklung durch das Unternehmen kann der Nutzer das neue Produkt zur Lösung seiner Problemstellung benutzen. Das Unternehmen hingegen hat die Möglichkeit, durch das neu entwickelte Produkt Marktanteile und eine Vormachtstellung zu etablieren.

Es können also neue personalisierte Produkte entstehen, die genau die Wünsche der Kunden erfüllen.[15]

Der Nutzer fühlt sich durch eine solche Entwicklung gut verstanden und entwickelt Stolz, dass seine Idee verwirklicht wurde und anderen Menschen hilft. Die Kommunikation mit anderen Nutzern über die Produkte bringt zusätzlich neue Ideen hervor, die vom Unternehmen verwirklicht werden können. Dabei verbessert sich die Beziehung zwischen Unternehmen und Kunden sowie zwischen den Kunden untereinander.

---

[14] Vgl. Kammerer, Matthias: Open Innovation - Ursachen, Instrumente und Motivation der Öffnung des Innovationsprozesses, S. 8 ff.
[15] Vgl. Kammerer, Matthias: Open Innovation - Ursachen, Instrumente und Motivation der Öffnung des Innovationsprozesses, S. 64 ff.

Die Kreativität der Verbraucher wird durch Open Innovation gefördert, da die Mitarbeit an der Produktentwicklung zur Selbstverwirklichung beiträgt und intellektuell anspruchsvoll ist. Durch diese positiven Effekte für den Kunden verstärkt sich die Bindung zum Unternehmen selbst und Vertrauen und Absatzhäufigkeit werden erhöht.

Aufgrund der Möglichkeit, durch das Internet verschiedene Personengruppen anzusprechen, vergrößert sich mit Open Innovation die Gruppe der „potenziellen" Entwickler und bietet vielseitigere Ideen, die eine homogene interne Entwicklungsabteilung nicht generieren kann. Dabei ist zusätzlich von Bedeutung, dass die Innovationen aus Social Media zeitgemäß und neu sind. Es wird nur über aktuelle Themen gesprochen und demnach werden auch nur derzeitige Bedürfnisse und Wünsche geäußert.

Um Produktinnovationen aus Social Media zu generieren, werden im Folgenden verschiedene Möglichkeiten vorgestellt, die sich in ihrem jeweiligen Monitoringaufwand unterscheiden. Trotzdem ist von einem Einsparpotenzial bezüglich Zeit und Kosten auszugehen, da kein professionelles Entwicklerteam zur Ideengenerierung engagiert werden muss, sondern die Ideen meist kostenfrei vom Internetuser selbst kommen. Das Innovationsmanagement kann demnach entlastet und beschleunigt werden. Weitere Einsparmöglichkeiten sind dabei auch im Marketingbereich gegeben, da die Kunden, die sich mit Produktlösungen beschäftigen, untereinander kommunizieren und so einen viralen Werbeeffekt für das Unternehmen und die neuen Produkte erzeugen.

4. Anstöße für Innovationen aus ideengenerierenden Communities

4.1 Unabhängige Ideenportale

Heutzutage gibt es im Internet unzählbar viele Community Seiten auf denen sich User fortwährend austauschen. Bei diesem Austausch werden Wissen und Ideen anderer miteinander verknüpft, bewertet und fortgeführt.

Diese Technik ähnelt der Ideengenerierung mittels Brainstorming. Abseits der gewöhnlichen Communities zu einem bestimmten Thema, wie beispielsweise Foren über bestimmte Fahrzeuge oder Elektrogeräte, gibt es Webseiten, die sich ausschließlich mit der Generierung von Ideen beschäftigen.

Solch ein Internetauftritt soll nun am Beispiel vorgestellt und analysiert werden. Die zu betrachtende Community dieser Art befindet sich auf der Seite www.thoughtblend.com und prangert bereits auf der Startseite mit dem Logo-slogan „good idea community" und der Überschrift „Post, Rate and Discuss All Of Your Good Ideas". Es soll also das Brainstormingprinzip des Äußerns von Ideen und deren Bewertung und Diskussion angewandt werden.

In Anbetracht der derzeitigen Nutzerzahl von 82 und der Ideenzahl von 68, lässt sich der Schluss ziehen, dass die Homepage noch nicht lange existiert.[16]

Um sich am Prinzip von ThoughtBlend zu partizipieren, ist eine Anmeldung im Portal nötig. Diese benötigt lediglich einen Benutzernamen, ein Passwort und eine gültige E-Mail Adresse zum Empfangen der Aktivierungsmail und ist demnach in kürzester Zeit vollzogen.

Der angemeldete Nutzer kann in allen Kategorien Ideen posten, bewerten und diskutieren. Eine solche Bewertung von Ideen wird mit der Vergabe von ein bis fünf Punkten durchgeführt. Die verschiedenen Kategorien sind beispielsweise Kunst, Fahrzeuge und Transport, Gesundheit, Wissenschaft, Erziehung, Geld, Erfindungen und Philosophie. Darüber hinaus ist es jedoch möglich, weitere Kategorien vorzuschlagen.

---

[16] Vgl. Anhang, Abb. 4 Screenshot von ThoughtBlend: www.thoughtblend.com/index.asp

Zurzeit sind die populärsten Ideen auf der Seite, der Vorschlag eine eigene Domain für Erotikwebseiten einzurichten, und der Vorschlag Autoradios mit USB-Anschlüssen zu vertreiben.[17] Leider lässt sich aus diesem Angebot schließen, dass das Potenzial an Ideen auf dieser Seite noch nicht wirtschaftlich lukrativ für ein Unternehmen ist. Das Grundprinzip dieses Internetauftritts bringt jedoch große Chancen für Ideen mit sich. Sobald die Nutzerzahlen und die Popularität von ThoughtBlend steigen, sind vielversprechende Innovationen möglich.

Eine Kooperation mit interessierten Unternehmen wäre denkbar, da diese aus dem Ideenpool schöpfen können, indem sie eine eigene Kategorie für deren Produkte aufbauen.

Dadurch gäbe es für Firmen die Möglichkeit, schnell und kostenfrei Zugriff auf kreative Ideen zu bestimmten Themen zu bekommen.

Vorteilhaft wäre weiterhin eine Übersetzung der Seite in andere Sprachen bzw. das Einrichten von länderspezifischen Domains, um zum Beispiel die Vielfalt verschiedener Kulturen und Denkweisen in Ideen widerzuspiegeln.

Leider ist die hier betrachtete Seite aufgrund der oben genannten Kriterien noch nicht dazu fähig, in großem Maße einem Unternehmen zu nutzen, wobei aber nicht ausgeschlossen werden kann, dass sich dies in naher Zukunft ändert.

4.2 Firmeneigene Ideenportale bzw. Crowdsourcingmodelle

Im Gegensatz zu der soeben erwähnten unabhängigen Seite ThoughtBlend gibt es bereits Unternehmen, die eine eigene Community gebildet haben, um Ideen daraus zu generieren.

Dieses Modell der Ideengenerierung durch Internetuser findet seit Juni 2006 dank Jeff Howe großen Anklang unter dem Namen Crowdsourcing. Angelehnt ist dieser Begriff an das Wort Outsourcing, welches eine Methode beschreibt, Aufgaben in einem Unternehmen an externe Quellen zu übergeben bzw. diese Aufgaben auszulagern.[18]

Beim Crowdsourcing werden also Aufgaben eines Unternehmens nach außen abgegeben. Dabei stehen vor allem Forschungs-, Entwicklungs- und Marke-

---

[17] Vgl. ThoughtBlend Most Rated Ideas http://thoughtblend.com/ideas.asp?cid=&sf=bi&sq=
[18] Vgl. Treichl, Hannes: Marktchance Crowdsourcing, 2007, http://www.andersdenken.at/crowd sourcing/

tingaufgaben im Vordergrund. Die externe Quelle, an die ausgelagert wird, ist dabei eine Gruppe von Internetusern.

Dass diese Methode als Geschäftsmodell erfolgreich ist, beweist das T-Shirt Projekt Threadless. Es wurde im Jahr 2000 gegründet, hat seit 2008 mehr als 700.000 Mitglieder, verkauft monatlich über 80.000 T-Shirts und kann einen Jahresumsatz von über 18 Millionen Dollar vorweisen.[19]

Die Funktionsweise ist dabei ähnlich der oben erwähnten Ideenportale. Angemeldete Nutzer von Threadless entwerfen T-Shirt-Designs, die von anderen Nutzern bewertet werden können. Die besten Shirts werden anschließend mit einer bedarfsgerechten Auflage von 50.000 gedruckt. Diese Anzahl stellte sich als erfolgreich heraus, da immer nahezu alle Exemplare verkauft und somit Restposten vermieden werden konnten. Die Produkte sind demnach komplett von außenstehenden Usern für außenstehende User entworfen worden, was Threadless natürlich Entwicklungskosten einsparen lässt und zu 100%iger Kundenorientierung führt.[20]

Der Anreiz für den Nutzer besteht demnach darin, seine eigenen Kreationen anderen Menschen zugänglich zu machen und sie selbst zu gebrauchen. Zusätzlich erhält der Designer eine Entlohnung von bis zu 2.500 $, wenn das Design gedruckt wird, und jeweils 500 $ zusätzlich bei einer neuen Auflage.[21]

Der offensichtliche Erfolg dieses Crowdsourcingmodells hat mittlerweile einige andere Firmen dazu bewogen, diese Methode auch anzuwenden.

Ein derzeit sehr populäres Beispiel ist IdeaStorm der Firma Dell. IdeaStorm ist ein Teil der Online-Community von Dell, welche auch verschiedene Blogs und Foren enthält. Das Portal funktioniert nach demselben Prinzip wie ThoughtBlend und Threadless. Angemeldete Nutzer posten Ideen, die bewertet und diskutiert werden können. Die Bewertung erfolgt dabei aber nicht nach einer Skala sondern nur nach „befürwortet" oder „nicht befürwortet", sodass die beliebtesten Ideen hervorgehoben werden. Mit diesen kann sich das Unternehmen beschäftigen.

Derzeit wurden auf der Seite rund 12.000 Ideen gepostet, über 670.000 Bewertungen abgegeben und circa 85.000 Kommentare zur Diskussion eingetragen.

---

[19] Vgl. Roskos, Matias: Crowdsourcing, 2008, http://createordie.de/cod/artikel/Crowdsourcing-2068.html?print=1
[20] Vgl. Roskos, Matias: Crowdsourcing, 2008, http://createordie.de/cod/artikel/Crowdsourcing-2068.html?print=1
[21] Vgl. Homepage des T-Shirt Anbieters Threadless: http://www.threadless.com/

350 dieser Ideen wurden von Dell bereits in deren Produkten implementiert.[22] Hinzu kommen jedoch noch partiell implementierte Ideen und derzeit andauernde Umsetzungen. Der Großteil der populärsten Postings wurde von Mitarbeitern des Unternehmens bereits bezüglich der Realisierbarkeit kommentiert. Deren Status wird fortlaufend aktualisiert.

Anhand der Ideen konnte Dell bereits verschiedene Wünsche seiner User berücksichtigen. Beispielsweise sind fortan Laptops mit beleuchteter Tastatur und solid state disks erhältlich und nahezu alle PCs von Dell um linuxkompatible Treiber und Programme erweitert worden.[23] Weiterhin wurden die mitgelieferten Softwarepakete optimiert und die Auswahl an Betriebssystemen erweitert.[24]

Dieses Prinzip bietet für ein Unternehmen vielerlei Vorteile. Die Wünsche der Kunden können einfach und schnell berücksichtigt werden. Die Firma steht mit dem User über die Kommentarfunktion in ständigem Dialog und lernt so dessen Bedürfnisse und Ansichten kennen. Der Entwicklungsprozess von neuartigen Produkten wird verkürzt, da das Grobkonzept bzw. das Grundgerüst und die Idee kostenfrei vom Kunden kommen.

Jedoch ergibt sich für das Unternehmen ein Aufwand in der Betreuung der Community bezüglich Bereitstellung und Programmierung der Website, sowie Beschäftigung von Mitarbeitern zur Ideenbewertung und Kommentierung. Zusätzlich sind Moderatoren notwendig, die beispielsweise sinnlose oder regelwidrige Ideen filtern und löschen. Dies kann jedoch durch qualifizierte freiwillige Nutzer realisiert werden. Solche Nutzer sind meistens große Sympathisanten des Unternehmens und möchten sich daran beteiligen, für Ordnung im Portal zu sorgen. Außerdem sind diese Moderatoren mit zusätzlichen Rechten ausgestattet, die gegenüber anderen Mitgliedern von Vorteil sein können.

Prinzipiell überwiegen demnach die Vorteile und das Potenzial einer solchen Ideen-Community.

Als Anreiz für den Kunden steht bei dieser Plattform vorwiegend die Möglichkeit, Ideen anderer Nutzer zu erfahren und zu bewerten und die eigenen Ideen zu posten, um die Produkte des Unternehmens zu verbessern und sie später

---

[22] Vgl. Anhang, Abb. 5 Screenshot von Dell IdeaStorm: http://www.ideastorm.com/
[23] Vgl. Dell Ideas in Action: http://en.community.dell.com/blogs/ideasinaction/default.aspx
[24] Vgl. Salesforce: Dell nutzt die Vorteile von Salesforce-CRM: http://www.salesforce.com/...

selbst nutzen zu können. Ein monetärer Anreiz durch das Unternehmen ist bei IdeaStorm zumindest nicht gegeben.[25]

Aufgrund des offensichtlichen Erfolgs dieser Strategie gibt es bereits verschiedene Anbieter solcher Plattformen und weitere Unternehmen, die solche Communities betreiben. Zwei dieser Anbieter sind das kommerziell ausgerichtete salesforce.com Inc. und das communitybasierte ideatorrent.org. Letzterer betreut beispielsweise Kunden wie ubuntu.com, sourceforge und one laptop per child, die allesamt an Open-Source-Projekten beteiligt sind.[26]

Salesforce hingegen ist ein eigenständiger Anbieter einer solchen open innovation software und kooperiert beispielsweise mit Starbucks und Dell mit der eigens erstellen Software namens „Idea Exchange".[27]

In der Starbucks Community findet sich eine eigene Kategorie namens „my Starbucks Idea", welche zu einer Seite weiterleitet, die analog zu den anderen Ideen-Communities funktioniert.

Auch dieses Portal hat bereits viele Ideen gesammelt und einige davon verwirklicht. Durch die Kundenwünsche konnten verschiedene neue Getränke eingeführt, die Kaffeebecherbeschaffenheit verbessert und ein Rabattkartensystem angeboten werden.[28]

Demnach ist auch an diesem Beispiel erkennbar, wie leicht ein Unternehmen von einer Online-Community profitieren kann, die speziell auf Ideengenerierung ausgerichtet ist.

Ein weiterer Anbieter ist der deutsche Konzern Tchibo. Dieser betreibt seit Sommer 2008 die Ideenplattform Tchibo Ideas. Dort werden Kunden aufgefordert Probleme zu lösen bzw. ihre Ideen für Produkte und Lösungen mitzuteilen. Anschließend werden die besten Erfinder pro Monat mit bis zu 2.000 € entlohnt.[29]

Das Projekt befindet sich momentan noch in der Betaphase. Seit 15.07.2009 konnten bereits die ersten Ergebnisse in das Produktportfolio des Tchibo Shops aufgenommen werden:

---

[25] Vgl. o.V.: Companice: Ich hab da ne (Starbucks) Idee: http://companice.twoday.net/...
[26] Vgl. IdeaTorrent Startseite: http://www.ideatorrent.org/
[27] Vgl. Roskos, Matias: Crowdsourcing, 2008, http://createordie.de/cod/artikel/...
[28] Vgl. my Starbucks Idea: Ideas in Action: http://blogs.starbucks.com/blogs/...
[29] Vgl. Tchibo Ideas Lösungen: https://www.tchibo-ideas.de/index.php/loesungen?source=NAVI

Abb. 1 Tchibo Ideas: Realisierte Lösungen[30]

Das erste Produkt ist ein drehbares Schneidebrett mit zweigeteilter Auffang-schale, designt von Tilla Goldberg. Die zweite Erfindung ist ein Nylonbezug für Fahrradsättel, erfunden von Folker Königsbauer und das dritte Bild zeigt den Auto-Handtaschenhalter von Manfred Behrens.[31]

Zu erwerben sind diese Produkte bei Tchibo für Preise zwischen zehn und zwanzig Euro. Damit konnte der Konzern, ähnlich wie die anderen oben er-wähnten Anbieter, sein Angebot erweitern, ohne große Entwicklungskosten aufwenden zu müssen. Zusätzlich wurde indirekt durch die Plattform zuvor Marketing für die neuen Produkte betrieben, was Tchibo Werbekosten einspa-ren lässt.

Als Anreiz für den Nutzer stehen dabei, wie eben erwähnt, die finanzielle Ent-lohnung und die namentliche Bekanntmachung zum Produkt im Vordergrund. Es stehen also finanzielle, wie auch individuelle Gründe, wie Selbstverwirkli-chung und Problemlösungswille als Anreiz im Vordergrund.

Im Gegensatz zur Nutzung einer Internet-Community für die Ideengenerierung wäre denkbar, dieses Modell für die Mitarbeiter eines Unternehmens zugänglich zu machen. In diesem Falle könnten auch verschiedene Abteilungen und Per-sonengruppen zum Einsenden von kreativen Ideen und Lösungen motiviert werden. Dabei würden auch andere Mitarbeiter an der Produktentwicklung be-teiligt werden, was eine Entlastung der Forschungsabteilung ermöglicht.

Die Ideen könnten dabei spezifischer formuliert werden, da die Mitarbeiter im Unternehmen selbst besser über die eigenen Produkte und deren Herstellungs-prozess informiert sind als externe Quellen. Demnach wäre es auch wün-schenswert, in einem vorhandenen Portal die Ideen eigener Mitarbeiter kennt-lich zu machen und gesondert zu behandeln. Als Anreiz für das Personal könn-

---

[30] Vgl. Tchibo Ideas realisierte Lösungen: https://www.tchibo-ideas.de/index.php/loesungen/...
[31] Vgl. o.V.: Tchibo Ideas kommt in die Regale: http://www.onetoone.de/Tchibo-Ideas-kommt-in-die-Regale-16088.html

ten dabei finanzielle Entlohnung und Anerkennung in Form einer Bekanntmachung angeboten werden.

Realisiert wurde dies beispielsweise bei Dell, indem auf firmeneigenen PCs ein
Ideastorm-ähnliches Portal im Intranet zur Verfügung gestellt wurde. Dieses
sogenannte Employee Storm Portal konnte Mitte 2008 bereits 2.700 Ideen von
22 % der Mitarbeiter aufweisen.[32] Die Ergebnisse und genauere aktuelle Zahlen
scheinen jedoch aufgrund ihres internen Informationsgehaltes nicht von Dell
veröffentlicht zu werden.

4.3 Open Innovation Portale

Um Unternehmen einfach und günstig an Open Innovation Projekte heranzufüh-
ren, existieren im Internet Plattformen, die den Dialog zwischen Außenstehenden und Firmen ermöglichen. Eine dieser Seiten ist brainfloor.com. Dort können
sich Nutzer kostenlos als BrainWorker anmelden und für ideensuchende Kunden, sogenannte BrainUser, ihre Lösungen zur Verfügung stellen. Anschließend
bewertet das Unternehmen die Vorschläge und entlohnt dadurch den Ideenge-
ber finanziell. Derzeit sind auf der Plattform 1.880 User angemeldet, die für derzeit 6 verschiedene Kunden Lösungen posten und insgesamt 825 € erhalten
können. Insgesamt wurden auf brainfloor.com bisher 14.256 Ideen abgegeben.[33]

Die Anmeldung für einen BrainWorker bedarf lediglich einer E-Mail Adresse und
einem Passwort. Adressangaben sind freiwillig. Für den BrainUser hingegen
wird ein Kontaktformular zum Anbieter bereitgestellt. Anschließend wird für jedes Unternehmen mit brainfloor.com eine eigene Preisregelung erstellt. Dies
richtet sich nach Anzahl der gewünschten Ideen, Anzahl der gestellten Fragen
und dem Honorar für die BrainWorker. Profitlose Kunden, wie Stiftungen und
wohltätige Organisationen, können ihre Fragen kostenlos stellen. Wenn die
Firma dann angemeldet ist, wird eine Ideen-Lounge zur Verfügung gestellt, in
der die Frage des Unternehmens gestellt wird und die User nur für das Unternehmen sichtbare Lösungen absenden können.[34]

---

[32] Vgl. Point of Origin: Dell Community: best practice für Einsatz von sozialen Medien:
http://www.pointoforigin.at/marketing_p--blogdetail__blogid--13.html
[33] Vgl. Startseite von brainfloor.com: http://www.brainfloor.com/welcome.html
[34] Vgl. Anhang, Abb. 6 Screenshot aus offenen Ideen-Lounges: http://www.brainfloor.com/-
habe_ideen.html

Um ein möglichst breites Spektrum an Ideen für Produktentwicklung und Marketing zu erhalten, werden von den Unternehmen meist sehr allgemeine Fragen im Stil: „Wie können wir erreichen, dass jeder unser Produkt nutzt?", an die BrainUser gestellt.

Durch die Referenzen von brainfloor kann sich ein zukünftiger Kunde über den Erfolg des Systems informieren. Zu den Partnern gehören beispielsweise Bad Reichenhaller, Cineplexx und JackWolfskin, die alle ein positives Feedback abgegeben haben und mit den Ergebnissen zufrieden oder sogar davon überrascht sind.[35]

Für das Unternehmen bietet sich also eine Möglichkeit, relativ kostengünstig professionelle Ideen zu bekommen. Das Innovationspotenzial für Produktentwicklung und Marketing ist dabei relativ hoch. Durch die streng vertrauliche Behandlung der Ideen ist der Abnehmer vor Ideendiebstahl gesichert und die Plattform ist dadurch mit einer unternehmensinternen Brainstormingrunde vergleichbar, die jedoch mit externen Quellen durchgeführt wird. Für das Unternehmen entsteht dabei lediglich Aufwand in der Bewertung der eingegangen Ideen und die Kosten für die Nutzung des Portals und die Entlohnung der Nutzer.

Angemeldete BrainWorker hingegen werden vorwiegend mit finanziellen Mitteln zur Ideenabgabe motiviert. Jede bewertete Idee wird von brainfloor.com selbst mit einem Euro belohnt und jede Topidee erhält eine Prämie des suchenden Unternehmens. Zusätzlich wird der beste Beitrag in einer Ideen Lounge mit einer Siegesprämie vergütet und namentlich veröffentlicht.[36]

Die Anreize für den Nutzer bestehen demnach aus finanzieller Entlohnung, kreativer Lösungsfindung, und der Möglichkeit namentlich erwähnt zu werden. Dies hat zur Folge, dass es größtenteils zu professionellen Ideen kommt, die dem Unternehmen von Nutzen sein können, da die Nutzer häufig motiviert sind, besonders gute Ideen abzugeben.

[35] Vgl. Referenzen von brainfloor.com: http://www.brainfloor.com/thema.html?_rid=112
[36] Vgl. Prämien bei brainfloor.com: http://www.brainfloor.com/thema.html?_rid=9

5. Nutzung bestehender Internetcommunities zur Ideengenerierung

Im Vergleich zu den zuvor erwähnten Möglichkeiten, Ideen durch Gründung von Ideencommunities zu erhalten oder andere Portale zu nutzen, die sich vorwiegend mit Innovationen beschäftigen, gibt es verschiedene Alternativen.

So soll in den folgenden Kapiteln gezeigt werden, dass bestehende Internetcommunities auch ohne Ausrichtung auf Ideengenerierung großes Potenzial haben. Die dort vorhandenen sozialen Medien eignen sich gut, um Innovationen für Produktentwicklungen oder Marketingkonzepte zu erhalten.

5.1 Ideengenerierung mittels YouTube

Als Vorreiter für das Web 2.0 wird das beliebteste und größte Internet-Videoportal YouTube zur Zeit von T-Mobile für ein Innovationsprojekt benutzt.

Auf der Internetseite http://www.youtube.com/tmobileg1handy wurde ein Benutzerprofil von YouTube angelegt, welches das Mobiltelefon G1 des Betreibers T-Mobile vorstellt, und mit der Frage „Was ist deine G1 Wunschapplikation?" den Leser anspricht.

Dazu werden Beispielvideos gezeigt, worin das Handy als holographischer Blaulichtersatz oder als Herdplatte genutzt wird. Diese unrealistischen Videos sollen die Nutzer anregen, eigene Videos mit Wunschfunktionen zu erstellen und hochzuladen.

Anschließend kann T-Mobile diese Videos auf Realisierbarkeit überprüfen und gegebenenfalls neue Applikationen für das Handy entwickeln und anbieten.

Die drei Nutzer mit den besten Videos wurden bereits mit einem Exemplar des dargestellten Handys und einer Reise nach Berlin entlohnt.

Diesen Innovationsmotor kann T-Mobile durchaus effizient nutzen, da ein Benutzerprofil bei YouTube kostenfrei ist und auf der Seite auch noch das Handy G1 ausführlich umworben und vorgestellt wird.[37]

Der virale Verbreitungseffekt dieser Beispielvideos konnte viele User auf das YouTube-Profil locken und führte zu zahlreichen Videoeinsendungen. Leider existieren keine offiziellen Auswertungen über realisierte Applikationen. In der

---

[37] Vgl.: YouTube Kanal von T-Mobile G1 Handy: http://www.youtube.com/tmobileg1handy

Analyse konnte kein Video gefunden werden, welches wirklich realisierbar wäre.

Aufgrund dessen muss diese Seite als Werbeaktion bewertet werden, da scheinbar kein wirklicher Crowdsourcing Effekt erzielt wurde.

Die Grundidee des Einsendens kreativer Videos zur Lösung von Problemen ist jedoch ein guter Ansatz, Ideen durch das Social Network YouTube zu generieren.

Diesen Ansatz verfolgt derzeit ein weiteres Unternehmen. Unter der URL http://www.youtube.com/rittersport ruft der Nahrungsmittelhersteller Ritter Sport dazu auf, kreative Videos einzusenden, die die Wiederbelebung der Schokoladensorte „Olympia" herbeiführen sollen. Dabei sollen durch die Kunden eigene Werbefilme erstellt werden, die das Produkt hervorheben.

Als Anreiz stellt der Anbieter verschiedene Gewinne zur Verfügung: das beste Video wird eigenständig als TV-Werbespot mit Namensnennung ausgestrahlt, aus 2 weiteren Werbespots wird dann der offizielle Ritter Sport Olympia Werbespot erstellt und unter allen anderen Videoeinsendungen werden 20 Pakete mit Schokolade verlost.[38]

Gewählt wird das Video dabei durch die Besucher des Kanals mittels positiv/negativ-Bewertungsfunktion. Dem Gewinner gebührt Bekanntheit durch das Fernsehen, welche persönliche Vorteile mit sich bringen kann.

Für das Unternehmen selbst bieten sich hauptsächlich Marketingvorteile durch den viralen Werbeeffekt im Internet, durch den Wettbewerb selbst und durch das Einsparen von Kosten bei der Produktion des TV-Werbefilms.

Innovationspotenziale für Produktweiter- und Neuentwicklung sind eher nicht gegeben. Trotzdem dient dieses Modell dem Unternehmen in vielerlei Hinsicht und kann als Crowdsourcing Methode bewertet werden.

Die Vorgehensweise selbst zeigt dabei erneut die Möglichkeiten des Videoportals YouTube bezüglich der Ideengenerierung und der somit möglichen Entlastung des Innovationsmanagements.

---

[38] Vgl. Ritter Sport Olympia Kanal bei YouTube: http://www.youtube.com/rittersport

5.2 Innovationen aus Internetforen

Wie bereits der vorige Punkt zeigt, ist es nicht zwingend notwendig als Unternehmen eine eigene Plattform oder Community zu gründen. Die Fülle an bestehenden Communities, bei der sich engagierte Nutzer bereits über die Produkte und Dienstleistungen eines Unternehmens austauschen, ist sehr umfangreich. Es reicht dabei aus, die Gespräche und Diskussionen zu beobachten und zu analysieren, ohne direkt als Unternehmen aufzufallen. Jedoch gibt es die Möglichkeit, sich an den Diskussionen mit einer beliebigen Identität zu beteiligen. Um das Potenzial solcher Modelle zu untersuchen, sollen nun verschiedene Communities beleuchtet werden.

Die erste zu betrachtende Seite ist eines der größten deutschsprachigen Foren für Fahrzeuge des japanischen Herstellers Mazda. Es befindet sich unter der URL www.mazda-forum.info und verfügt über rund 7.400 Mitglieder. In diesem Forum wurden bereits über 23.000 Themen gestartet und über 195.000 Beiträge dazu registriert.[39]

Für nahezu jedes Mazda Modell ist eine eigene Kategorie vorhanden in der sich die Besitzer dieser Wagen über ihre Erfahrungen austauschen. Die Seite selbst bietet eine Suchfunktion, die auch für nicht angemeldete Benutzer zugänglich ist. Jedoch muss ein Gast ein Captcha eingeben, um Missbrauch zu vermeiden. Durch diese Suchfunktion kann ein Unternehmen in beliebigen Kategorien nach bestimmten Stichwörtern suchen, um Innovationspotenzial zu entdecken.

Beispielsweise führte die Suche nach dem Wort „Geräusche" zu 250 Ergebnissen bei denen bestimmte Defekte, Klappergeräusche und diverse andere Schwachstellen gemeldet wurden.[40]

An erster Stelle der Suche steht sogar ein eigener Thread mit Kritik und Änderungswünschen zum Mazda 2. Er umfasst bereits 393 Beiträge und erwähnt Funktionsstörungen an Kupplungen, Waschdüsen und Lichtsensoren.

Diese Analyse könnte ein Mitarbeiterteam des Unternehmens durchführen, um weitere Schwachstellen an den Modellen zu entdecken und diese gegebenenfalls beheben. Das Forum eignet sich demnach sehr gut, Produkte weiterzuentwickeln. Innovationen für Neuentwicklungen sind nur begrenzt möglich, da

---

[39] Vgl. Mazda Forum: http://www.mazda-forum.info/forum.php
[40] Vgl. Anhang, Abb. 7 Suchergebnisse im Mazda Forum: http://www.mazda-forum.info/search.php?searchid=322634

es sich bei dieser Community um eine Ansammlung von Dauertestern handelt, die ihre Erfahrungen und Kritiken an ihren Fahrzeugen äußern und weniger neue kreative Ideen posten.

Möglich wäre jedoch eine Kooperation mit dem Betreiber eines solchen Forums. Mitarbeiter von Werkstätten und des Autokonzerns selbst könnten Beiträge verfassen und Tipps geben und gegebenenfalls eigene Themen starten, die zum Posten von Ideen anregen. Dabei würde das Vertrauen der User zur Marke gesteigert und ein besserer Überblick über die Wünsche der Kunden geschaffen werden.

Um den Effekt einer solchen direkten Kooperation zu testen, wurde ein Beitrag erstellt, in dem User aufgefordert werden, ihre Wünsche und Ideen für Mazda zu äußern.

Innerhalb eines Tages wurde das Thema 117 mal angeklickt und 8 Antworten darauf gegeben. Obwohl die Beteiligung demnach nicht sonderlich hoch war, konnten qualifizierte Nutzerbeiträge registriert werden.

Beispielsweise wurde vorgeschlagen, Karosserieteile aus Kunststoff zur Gewichts- und Rostreduzierung einzusetzen und die Entwicklung von alternativen Antrieben wie Elektromotoren voranzutreiben. Die Kompatibilitäten der Werksradios mit anderen Medien wie USB-Sticks und Speicherkarten scheint auch sehr gefragt zu sein.

Jedoch wurden nicht nur Vorschläge bezüglich der Fahrzeugtechnik gemacht. Es werden variablere Ausstattungspakete, eine direkte Hotline zu Mazda selbst, um Probleme unverzüglich zu klären, bessere Servicequalität und viele weitere Dinge gewünscht.[41]

Leider ist die Umfrage nicht vollkommen repräsentativ, da sie keine große Menge an Personen erreicht hat. Trotzdem gibt sie Innovationsanstöße für Unternehmen und zeigt, dass sich in dieser Community Personen austauschen, die willens sind, Wünsche zu äußern und an deren Verwirklichung mitarbeiten wollen.

Die soeben erwähnte mögliche Kooperation eines Unternehmens mit einem Forum bietet demnach ein großes Potenzial an Innovationen.

Eine andere Community namens DSLR-Forum beschäftigt sich mit dem Thema der Digitalfotografie mit digitalen Spiegelreflexkameras. Der Umfang dieser Sei-

---

[41] Vgl. Mazda Forum Thread für Änderungswünsche: http://www.mazda-forum.info/mazda3-und-mazda3-mps/26126-aenderungswuensche-und-ideen-fuer-mazda.html

te ist mit 182.000 angemeldeten Nutzern, 482.000 Themen und 5.240.000 Beiträgen weitaus größer als der des zuvor erwähnten Forums.[42]

Jedoch ist der Aufbau beider Foren nahezu identisch. Auch hier werden zu verschiedenen Themen Kategorien angeboten. Die für Unternehmen interessanten Kategorien sind dabei das gesamte Thema der Fotografie und die jeweilige Rubrik des Herstellers.

Die Suchfunktion dieser Seite funktioniert in der gleichen Weise wie die zuvor gezeigte. Aufgrund des Umfangs dieser Community sind jedoch sehr spezifische Suchbegriffe nötig, um die Ergebnisse sinnvoll zu begrenzen. Empfehlenswert ist es für einen Hersteller solcher Digitalkameras lediglich den jeweiligen Thread zu seinem Modell zu suchen und diesen zu analysieren.

Dort gefundene Beiträge sind auch von Besitzern der Geräte und demnach von Dauertestern geschrieben worden und geben Aufschluss auf die Stärken und Schwächen eines jeden Modells.

Leider ist die Analyse aufgrund der Masse an Beiträgen wesentlich komplexer als im ersten Beispiel, kann jedoch viel tiefgreifendere Ergebnisse liefern. Auch hier ist das Innovationspotenzial für Produktweiterentwicklungen vorhanden und kann von Unternehmen kostenfrei analysiert werden.

---

[42] Vgl. DSLR-Forum: http://www.dslr-forum.de/

5.3 Innovationen aus Shoppingportalen

Im Internet gibt es eine Vielzahl von Onlineshops für ein und dasselbe Produkt, welches dort zu unterschiedlichen Konditionen angeboten wird. Um einen Überblick darüber zu behalten, existieren Shoppingportale, die die verschiedenen Onlineshops und deren Konditionen zu den jeweiligen Artikeln auflisten und bewerten.

Zusätzlich zu den Preisvergleichen gibt es in den meisten dieser Portale Produktbewertungen. Der Kunde kann sich nicht nur darüber informieren, wo er sein Produkt am besten erwerben kann, sondern auch, was andere Kunden über das Produkt denken und wie sie es bewerten.

Diese Bewertungen können von Unternehmen analysiert werden um Schwachstellen bzw. Kritik an deren Produkten aufzuzeigen. Anschließend können die Analysen für Innovationen zur Produktweiterentwicklung genutzt werden.

Das Potenzial solcher Portale soll nun am Beispiel analysiert werden. Eine der größten Seiten dieser Art stellt die Ciao GmbH unter der URL www.ciao.de zur Verfügung. Das Unternehmen existiert seit zehn Jahren und gehört seit einem Jahr zur Microsoft Corporation. Im Portal selbst sind sechs Millionen Produkte und fünf Millionen Produktbewertungen in mehr als 20 Kategorien registriert.[43]

Über die verschiedenen Kategorien wie Autos, Bücher, Computer, Elektronik, Fernseher, Finanzen, Internet und andere kann sehr einfach zum gewünschten Produkt navigiert werden. Wenn ein bestimmtes Gerät ausgewählt wurde, werden dazu die Onlineshops und deren Konditionen aufgelistet. Zusätzlich gibt es einen Reiter mit Erfahrungsberichten, die für den Hersteller wichtig sein können. Der im Beispiel ausgewählte Drucker Canon Pixma iP2600 wurde in vier detaillierten Erfahrungsberichten mit insgesamt drei von fünf Sternen bewertet. Nahezu alle Autoren der Berichte sind unzufrieden mit der Qualität des Geräts und der Druckqualität selbst. Besonders stark kritisiert wird dabei der Tintenverbrauch.[44] Es besteht demnach Entwicklungspotenzial am Tintenkonsum des Geräts, welches durch größere Patronen oder sparsamere Drucktechnik behoben werden könnte. Abseits der Produktinnovationen ist es möglich, über das Portal mit den unzufriedenen Kunden in Kontakt zu treten und diesen bei Prob-

---

[43] Vgl.: Pressebox: HP und ciao.de entwickeln innovative Marketingkampagne mit Pre-Testing, http://www.pressebox.de/pressemeldungen/ciao-gmbh/boxid-260015.html

[44] Vgl. Erfahrungsberichte zu Canon PIXMA iP2600: http://www.ciao.de/Erfahrungsberichte/...

lemen zu helfen und sie gegebenenfalls zu entschädigen und dadurch die Servicequalität zu erhöhen.

Eine weitere Produktvergleichsseite ist der in Österreich ansässige Anbieter Preisvergleich Internet Services AG, welcher unter der URL www.geizhals.at registriert ist. Aufgrund der Möglichkeit, das Portal auch in Deutschland zu benutzen, erfreut es sich dort auch einer großen Beliebtheit. Das kostenlose Angebot bietet 400.000 Produkte bei 1.600 Händlern zu elf Millionen verschiedenen Preisen an und bietet die Möglichkeit, auch die Händler der Waren bezüglich Servicequalität und Lieferkonditionen zu bewerten.[45]

Die Funktionsweise ist dabei analog zum Modell des Anbieters der Ciao GmbH. Das Angebot der Seite liegt dabei jedoch hauptsächlich im Bereich der elektronischen Geräte für Endkunden. Der wesentliche Unterschied zum ersten vorgestellten Anbieter ist eine Community, die sich im firmeneigenen Forum unter der Adresse http://forum.geizhals.at/ austauscht.

Dadurch ist es möglich, bei ausführlichen Produktbewertungen direkt mit dem Autor in Kontakt zu treten und die Bewertungen gegebenenfalls zu diskutieren oder zu hinterfragen. Am Beispiel der Digitalkamera Canon EOS 5D Mark II ist dies gut nachvollziehbar:

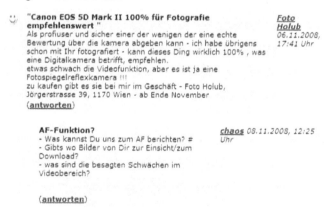

Abb. 2 Ausschnitt aus Geizhals Produktbewertungen[46]

Die Antwortmöglichkeit erfordert jedoch eine Registrierung beim Anbieter selbst, die aber nur eine E-Mail Adresse, ein Passwort, und ein Pseudonym benötigt. Durch diese Funktionskombination von Forum und Preisvergleichssei-

---

[45] Vgl. Geizhals Preisvergleich: Zahlen und Fakten: http://unternehmen.geizhals.at/about/...
[46] Ausschnitt aus Geizhals Produktbewertungen: http://geizhals.at/deutschland/?sr=366844,-1,5125390#5125390

te wird Unternehmen ein größeres Innovationspotenzial als bei dem ersten Modell geboten. Unzufriedene Kunden können einfach und sofort über das Forum kontaktiert werden. Es bietet sich analog den anderen Foren an, nach Änderungswünschen und Verbesserungsvorschlägen zu fragen und die Ergebnisse in Produktweiterentwicklungen einfließen zu lassen.

Somit bietet diese Möglichkeit ein Innovationspotenzial bezüglich der Weiterentwicklung von Produkten, jedoch kaum für vollständig neue Produkte.

Es wäre wünschenswert, wenn sich diese Kombination aus Forum und Produktvergleichsportal weiter verbreiten würde, um Kunden und Herstellern die Möglichkeit zu geben, einfacher in Kontakt treten zu können. Weiterhin ist die bisherige Beteiligung bezüglich der ausführlichen Bewertungen nicht flächendeckend, so dass viele Produkte noch nicht bewertet worden sind, was jedoch durch Marketingmaßnahmen und andere Anreize vorangetrieben werden könnte.

5.4 Innovationen durch Twitter

Twitter ist eine Internetplattform bei der sich angemeldete Nutzer über kurze prägnante Meldungen mit maximal 140 Zeichen untereinander austauschen können. Diese Form des „Zwitscherns" wird häufig genutzt, um anzugeben, was Nutzer gerade tun. Hier ergibt sich für ein Unternehmen eine einfache Möglichkeit, Innovationspotenziale zu erkennen und zu nutzen. Twitter stellt unter der Seite http://search.twitter.com die Möglichkeit zur Verfügung, Nachrichten und Artikel der Seite zu durchsuchen. Zur Untersuchung der Verbesserungspotenziale wurde unter dem Begriff „hate nokia" eine Suche gestartet, die englischsprachige Kritik zum Hersteller Nokia beinhalten sollte und folgende Ergebnisse lieferte:

Realtime results for **hate nokia**   0:14 seconds

Dont u just **hate** it when u take leave and your tv break. Then ur brand new **nokia** falls and nw has a black screen

about 2 hours ago from web · Reply · View Tweet

Adam_____ Selling my **Nokia** N95-3 chk it out for info and pics. Just use my work phone now only. **Hate** to let it go. #nokia http://shrinkify.com/10st

about 5 hours ago from web · Reply · View Tweet

sockatume: Phone back. Not fixed. Starting to **hate** #nokia. Twibble working tho. Wife's 2nd hand iPhone fantastic.

about 9 hours ago from twibble · Reply · View Tweet

Emz_____ **Hate Nokia**. The next phone I'll get will be a Sony Eriksson. I had one of them for 2 years until I dropped in water by accident XP

about 10 hours ago from web · Reply · View Tweet

joshu_____ Man I **hate** te keyboard on tis phone (**nokia** used t be the bees)

about 13 hours ago from twibble · Reply · View Tweet

bilso_wilson: twitter on a **nokia** 5800 is bull. It won't let me reply to peeps messages. I **hate** you

about 22 hours ago from mobile web · Reply · View Tweet

Vikingfist: @vrockaknotkasa I **hate** tweeting on my phone. I gotta **Nokia** 6500 Slide. A day l8r. they offered iPhones 4 1 Euro!! Argh!

about 23 hours ago from TweetDeck · Reply · View Tweet · Show Conversation

dsng: @yjspon I have a cameraless **Nokia** E51 for reservist. **Hate** the interface but some web and email access better than none

Abb. 3 Twitter Suchergebnisse für „hate nokia" am 20.07.2009 [47]

Aus diesen Äußerungen lässt sich erkennen, dass verschiedene Modelle des Herstellers relativ empfindlich gegen Stürze sind und der Reparaturservice nicht zufriedenstellend ist. Desweiteren werden die Tastaturen von bestimmten Handys bemängelt und Konkurrenzprodukte bevorzugt. Diese Produkte könnten vom Hersteller verglichen werden, um Schwächen aufzudecken und auszubessern. Es tauchen also tatsächlich Aussagen über die Kundenzufriedenheit zu bestimmten Herstellern auf. Jedoch ist das Ergebnis abhängig von den Suchkriterien und aufgrund der Kurzlebigkeit der Artikel kaum reproduzierbar, sodass nicht immer qualitativ gute Beiträge gefunden werden können. Trotzdem funktioniert die Suche sehr schnell, einfach, kostenfrei und ohne Anmeldung.

Mit bestimmten Suchbegriffen, wie spezifische Produkte eines Unternehmens und Schlüsselwörter wie „like", „hate", „complain" oder ähnlichem, können Äu-

---

[47] Twitter Suchergebnisse für „hate nokia" am 20.07.2009: http://search.twitter.com/search?q= hate+nokia

ßerungen zu den Produkten gefunden werden. Beispielweise sind Aussagen über Menüführung, Akkulaufzeiten und Kompatibilitäten von Handys auffindbar, welche Anhaltspunkte für Produktweiterentwicklungen liefern können. Positive Aussagen über die Produkte können hingegen für das Marketing oder als Bestätigung Verwendung finden.

Der Anreiz für den Nutzer hat dabei wenig mit dem Unternehmen zu tun. Dieser möchte sich austauschen, um Hilfe bitten oder mit anderen Nutzern seine Erfahrungen teilen. Es wäre aber möglich, nach einer Anmeldung im Portal mit den Autoren der Beiträge in Kontakt zu treten, um detailliertere Problembeschreibungen zu erfahren und gegebenenfalls als Unternehmen eine Entschädigung anzubieten.

Empfehlenswert ist das Verfahren dabei hauptsächlich für moderne Unternehmen, deren Produkte vorwiegend junge Menschen ansprechen und einen hohen Bekanntheitsgrad haben, wie die Hersteller von Handys und anderer elektronischer Geräte. Schließlich sind über 60% der Twitteruser unter 40 Jahre alt und sind dabei wesentlich kommunikativer und innovativer als durchschnittliche User, da zum Beispiel 40% der Nutzer an den neusten Produkten interessiert sind.[48]

Abgesehen vom eben dargestellten Modell könnte das Twitter-Prinzip eine andere Verwendung finden. Es könnte auf dem Internetauftritt eines Unternehmens ein kleines Fenster eingerichtet werden, bei dem jeder Besucher der Seite eine kurze Mitteilung abschicken kann. Unter freiwilliger Angabe einer Telefonnummer oder E-Mail Adresse wäre es möglich, mit dem Kunden in Kontakt zu treten, um Probleme, Wünsche oder Anregungen näher zu besprechen. Die Intention dieser Möglichkeit könnte vielseitig genutzt werden. Kritik würde ein „Kummerkasten" aufnehmen, Verbesserungspotenzial könnte mit der Aufforderung „Was können wir besser machen?" und Innovationen mit „Welches Produkt wünschen Sie sich von uns?" aufgenommen werden.

Die Implementierung dieses Fensters wäre relativ unkompliziert, jedoch wären Mitarbeiter nötig, welche die Mitteilungen bearbeiten, was jedoch von bestehenden Supportabteilungen übernommen werden kann.

---

[48] Vgl. Fittkau &Maaß Consulting: Twitter - DerSpatz im Reich der großen Web 2.0-Tiere: http://www.w3b.org/web-20/twitter-der-spatz-im-reich-der-grossen-web-20-tiere.html

Das Potenzial dieser Möglichkeit ist aufgrund fehlender Beispiele schwer abschätzbar. Jedoch sollte die Methode wegen der einfachen Installation für jedes Unternehmen in Betracht kommen und testweise durchgeführt werden.

5.5 Innovationen aus firmeneigenen und unabhängigen Blogs

Ein Blog ist eine Internetseite, die im Allgemeinen als elektronisches Tagebuch bezeichnet wird. Es stammt vom Wort Weblog ab, was die Worte Web, also Internet und Log, wie Logbuch, enthält. Als Kurzform davon kristallierte sich das Wort Blog heraus. Dies ist eine chronologisch geführte Sammlung von Beiträgen, die aktuelle Geschehnisse behandeln und sich meist auf das Internet beziehen. Oftmals weisen Blogs auf andere interessante Websites hin und berichten darüber.[49]

Seit einiger Zeit gibt es Unternehmen, die ein eigenes frei zugängliches Blog im Internet betreiben. Eines davon ist das Daimler-Blog, in welchem seit Oktober 2007 Mitarbeiter ihre Erlebnisse und Erfahrungen im Daimler Konzern schildern.[50]

Dort werden beispielsweise Beiträge über das Mittagessen oder auch über neue Techniktests verfasst. Einer dieser Tests wurde nachts durchgeführt, um die Einführung von LED-Scheinwerfern abzuwägen bzw. diese mit Xenon Scheinwerfern zu vergleichen. Dabei wird darauf eingegangen, dass LEDs sich rasant entwickeln, jedes Jahr 10 % heller werden und dabei bald günstiger als Xenon Brenner sind. Für den Beitrag selbst gibt es eine Kommentarfunktion, die von jedem Nutzer unter Angabe eines Namens und einer E-Mail Adresse in Anspruch genommen werden kann. In den Kommentaren finden sich Nachfragen zur Technik, Lob, so wie ein Wunsch, das Produkt schnellstmöglich für alle Mercedes-Modelle einzusetzen.[51]

Neben der Möglichkeit, Nutzer und Kunden über neuste Entwicklungen bei Daimler zu informieren, bietet sich hier ein Weg, bereits vor Einführung der Technik ein Feedback darüber zu bekommen. So kann abgewogen werden, wer sich für welches Produkt interessiert und unter welchen Bedingungen er es erwerben würde. Für den Besucher der Seite besteht dabei der Anreiz darin, zu

---

[49] Vgl. Bartel, Rainer: Blogs für alle - das Weblog Kompendium, S. 13 f.
[50] Vgl. Daimler-Blog: Hier Bloggen Mitarbeiter: http://blog.daimler.de/hier-bloggen-mitarbeiter/
[51] Vgl. Moisel, Jörg: Scheinwerfertests zur Sommer-Sonnenwende: http://blog.daimler.de/2009/07/15/scheinwerfertests-zur-sommer-sonnenwende/

erfahren, welche technischen Neuerungen im Kommen sind, wie das tägliche Leben im Konzern abläuft und wie die Technik funktioniert.

Zusätzlich zum normalen Verfassen von Beiträgen wäre es möglich, einen Eintrag zu verfassen, der Besucher aufruft, Wünsche und Anregungen zu den Produkten des Herstellers durch die Kommentarfunktion auszudrücken. Anhand dessen kann anschließend das Innovationspotenzial der Ideen ausgewertet und die Ideen gegebenenfalls realisiert werden.

Der Betrieb der Seite gestaltet sich dabei relativ unkompliziert, da die Seite von freiwilligen Mitarbeitern mit Beiträgen gefüllt und keine komplexe Infrastruktur benötigt wird.

Analog zum Daimler Blog bietet auch die Firma Dell ein Corporate Blog an. Es ist Teil der Community von Dell und trägt den Namen Direct2Dell. Darin werden wie im Daimler Blog neuste Entwicklungen vorgestellt sowie Einblicke in den Berufsalltag im Unternehmen gegeben. Direct2Dell ist jedoch nur ein Teil eines Dell Blog Networks. Das Netzwerk umfasst verschiedene Blogs in unterschiedlichen Sprachen zu bestimmten Themen. Beispielsweise wäre das Blog Ideas in Action zu nennen, welches Neuigkeiten von Ideastorm enthält. Weiterhin gibt es unter anderen ein TechCenter Blog, ein Education Blog und ein Inside Enterprise IT Blog.[52]

Damit informiert Dell Interessenten über nahezu alle Themen, die im Unternehmen von Bedeutung sind. Das Prinzip des Daimler Blogs ist hierbei beibehalten, wurde jedoch durch verschiedene Kanäle erweitert und kann vielseitiger informieren und auch die Vorteile von Blogs nutzen.

Im Gegensatz zu Blogs, die von Firmen gestaltet werden, gibt es eine Vielzahl von elektronischen Tagebüchern von unabhängigen Personen und Magazinen. Eines dieser Art ist electrobeans, welches laut eigenem Logo über alle Produkte berichtet, die Strom brauchen. Die Beiträge enthalten dabei meistens Neuigkeiten aus der Technikwelt bzw. vorwiegend Produktneuheiten. So wurde zum Beispiel kürzlich über einen USB-Stick mit einer Speicherkapazität von 256 GB berichtet. Dieser ist zu einem Preis von 660 € zu erwerben und kann in sieben Stunden komplett beschrieben werden. Über die gewohnte Kommentarfunktion können User anschließend ihre Meinung kundtun. So wird in diesem Beispiel

---

[52] Vgl. Dell Blog Network: http://en.community.dell.com/blogs/

die geringe Transferrate und der hohe Preis bemängelt, jedoch der Schritt zu größeren Speichermengen begrüßt.[53]

Diese Meldungen und Kommentare können dem Hersteller als Feedback dienen und eventuelle Kritik und Änderungswünsche sofort aufnehmen. Es besteht in diesem Fall direkter Handlungsbedarf bezüglich Transferrate und Preis. Zusätzlich werden aber sofort noch größere Speichermedien gewünscht, deren Entwicklung vorangetrieben werden sollte.

Der Anreiz besteht in diesem Falle für die Nutzer darin, sich über neuste Produkte zu informieren und sofort darüber zu diskutieren. Für ein Unternehmen ergibt sich die Möglichkeit, unverzügliches Feedback zum Produkt aufzunehmen und entsprechend zu handeln.

Weiterhin gibt es im Blog neben den neusten Produkten auch Tests über diese Produkte. Beispielsweise wurde eine Digitalkamera getestet, die für den Outdooreinsatz optimiert wurde. Das temperaturunempfindliche wasserdichte Gerät des Herstellers Rollei wurde für sein Einsatzgebiet als positiv bewertet, nur die Bildqualität selbst ist nicht unbedingt zufriedenstellend. Die Bewertung gibt Anreiz für eine Weiterentwicklung des Produktes.[54]

Das Prinzip dieser Tests ähnelt den Produktbewertungen in Preisvergleichsportalen. Selbstverständlich bietet auch dieses Blog eine Suchfunktion, um schnell und einfach zu den gewünschten Artikeln zu gelangen. Blogs im Allgemeinen bieten also die Möglichkeit, einfach und schnell Feedback zu Neuentwicklungen von Unternehmen zu erhalten und Verbesserungspotenzial für Innovationen aufzudecken und zu nutzen.

---

[53] Vgl. electrobeans: 256GB USB-Stick von Kingston: http://www.electrobeans.de/archiv/2009/ 07/256gb_usb_stick_von_kingston.html
[54] Vgl. electrobeans: Review Rollei x-8 Sports: http://www.electrobeans.de/archiv/2009/04/ re-view_rollei_x-8_sports.html

6. Ideengenerierung durch interne Social Media

6.1 Unternehmensinterne Wissensplattformen

Um in einem Unternehmen das Wissen der Mitarbeiter zu speichern und für andere verfügbar zu machen, gibt es verschiedene Möglichkeiten. Eine der effektivsten Methoden für ein internes Wissensmanagement ist ein Corporate-Wiki. Dabei wird sich der Funktionsweise von Wikipedia bedient. Nutzer der Plattform schreiben Artikel, wie Definitionen, Vorgehensweisen, Modelle und Abkürzungen. Es ist nicht notwendig, dass ein User einen Artikel vollständig und allein verfasst. Jeder weitere Nutzer der Plattform kann Artikel erweitern und umschreiben.

Ein populäres Beispiel für diese Methodik ist Bluepedia von IBM, auch bekannt als Big Blue. Das System funktioniert analog zu Wikipedia und wurde Ende 2006 nach Anstoß von Professor Gunter Dueck in Deutschland gestartet.[55]

Ziel dabei war es, eine Wissensdatenbank im Intranet für alle Mitarbeiter zu schaffen, um umständliche Wege zur Wissensbeschaffung zu verkürzen und Wissen nach personeller Fluktuation zu bewahren. Bluepedia konnte Anfang 2008 bereits über 1.000 Autoren vorweisen und wird zur Zeit für den konzernweiten Einsatz vorbereitet.[56]

Zusätzlich zur Bedeutung als Nachschlagewerk bietet das Portal ein spürbares Potenzial an Innovationen. Mitarbeiter, die Artikel verfassen, werden in ihrer Kreativität und Ausdrucksfähigkeit gefördert. Dabei können neue Entwicklungsverfahren durch Erfahrungen aus der Vergangenheit mit ähnlichen Verfahren unterstützt und beschleunigt werden.

Beispielsweise wäre es möglich, im Portal selbst eine Kategorie einzurichten, in der Nutzer Wünsche und Vorschläge bezüglich der Produkte des Unternehmens äußern können. Dabei könnten in den Artikeln bereits komplexe Lösungsbeschreibungen erstellt werden, die den Entwicklungsprozess vereinfachen. Desweiteren könnten auch Vorschläge für Marketingkampagnen oder Dienstleistungsverbesserungen zur Kenntnis genommen werden.

---

[55] Vgl. Rademacher, Rochus: "Das IBM-Intranet kann so etwas wie ein Register gebrauchen", Computerzeitung, 07.02.2008: http://www.computerzeitung.de/articles/l
[56] Vgl. Lübeck, Jürgen: Bluepedia: http://blog.juergen-luebeck.de/archives/1125-Bluepedia.html

Erfolgreiche Ideen könnten anschließend finanzielle Vergütungen für den Mitarbeiter bringen.

Abseits davon könnten normale Beiträge in der Datenbank näher analysiert werden, ob darin bereits Verbesserungsvorschläge oder Kritik zu Produkten und Modellen erwähnt werden. Eine Kommentarfunktion zu den Artikeln selbst wäre dabei eventuell hilfreich, um ausstehende Fragen zu klären oder eine Diskussion anzuregen.

Ein weiteres Projekt dieser Art ist das von der Fraport AG, einem Airport Business Unternehmen, sogenannte Skywiki. Es wurde nach einer internen Testphase im Juli 2007 unternehmensweit gestartet und nutzt dieselbe Media-wiki-Plattform wie Wikipedia. Sie wurde jedoch designtechnisch verändert und mit einem Leitfaden zur Artikelerstellung ausgestattet. Bereits im April 2008 wurden von den 12.600 Fraport Angestellten 180.000 Zugriffe auf die rund 1.200 Artikel von circa 100 Autoren verzeichnet. Wichtiges Merkmal des Portals ist die Möglichkeit, anonym Beiträge zu verfassen.[57]

Dadurch kann beispielsweise Kritik ohne Angst vor Folgen geäußert werden, welches der Innovationsgenerierung für Verbesserungsvorschläge zugute kommt. Um das Portal zu unterstützen, beschäftigt sich ein Team von Mitarbeitern damit die Artikel zu ordnen und besondere Artikel im Intranet und anderen Medien allen Angestellten nahezulegen, um die Beteiligung an Skywiki zu erhöhen.

Mit steigender Nachfrage kann dann auch die Anzahl an Beiträgen gesteigert und das Potenzial für Innovationen im Angebot des Unternehmens, wie oben erwähnt, erreicht und genutzt werden.

Am wichtigsten bei Plattformen dieser Art ist jedoch der Nutzer selbst. Er muss erkennen, dass die Plattform persönlich von Nutzen ist und angeregt werden, sich zu beteiligen. Das zwangfreie Schreiben von ganzen Artikeln, kurzen Sätzen oder Verweisen zu detaillierten Informationen zu einer Thematik ist, wie bei Wikipedia zu sehen, ein sehr guter Ansatz.

---

[57] Vgl. Wagner, Elisabeth: Wie man ein Firmen-Wiki zum Laufen bringt, Computerwoche, 04.07.2008: http://www.computerwoche.de/job_karriere/personal_management/...

6.2 Modelle von externen Communities für interne Mitarbeiter

Einige, der in den vorigen Kapiteln gezeigten Methoden zur Ideengenerierung bieten die Möglichkeit, das Modell nicht nur für externe Quellen zu nutzen sondern auch für interne Mitarbeiter. An dieser Stelle wird nun ein Einblick in die Möglichkeiten gegeben.

Im Intranet eines Konzerns könnte beispielsweise ein Diskussionsforum eingerichtet werden, über welches Änderungswünsche geäußert werden können. Die verschiedenen Umstände könnten analysiert werden und würden die Kommunikation der Mitarbeiter untereinander und das Betriebsklima verbessern, wenn bestimmte Änderungswünsche beherzigt werden.

Jedoch sollte es möglich sein, Beiträge annonym verfassen zu können, um Angestellten eventuelle Hemmungen vor Sanktionen zu nehmen.

Die Nutzung der im Punkt 5.4 vorgestellten Twitter Technik auf der Unternehmensseite könnte auch auf der Startseite des Intranets eingerichtet werden und somit einen elektronischen Vorschlagskasten darstellen.

Newsletter, die im Unternehmen kursieren um Mitarbeiter zu informieren, könnten einheitlich im Intranet gepostet werden und durch eine Kommentarfunktion Kritik und Zuspruch der Angestellten aufnehmen und verarbeiten.

Solche Maßnahmen stärken zunehmend die Transparenz und Offenheit im gesamten Unternehmen, da schließlich die Kommunikation zwischen Mitarbeiter und Führungskraft vereinfacht wird.

Momentan zeichnet sich ein Trend ab, Weblogs auch im Intranet zu nutzen. Als Vorreiter steht dabei der Konzern IBM, der seit 2003 interne Blogs nutzt. Jeder Angestellte des Unternehmens kann ein Blog einrichten und im Intranet zur Verfügung stellen. Im Jahr 2006 gab es dadurch bereits mehr als 3.750 dieser Tagebücher, die über 32.000 Beiträge beinhalteten. Mit einer Suchfunktion kann nach Schlüsselwörtern gesucht werden.[58]

Durch diese Suche können innovationsrelevante Beiträge ausfindig gemacht werden. Jegliche Kritik kann gleichzeitig mit Änderungsvorschlägen von Mitarbeitern verbunden sein und Anstoß für eine Weiterentwicklung im Unternehmen darstellen. Die Anstöße können dabei alle Beteiligungen und

---

[58] Vgl. Klein, Alexander: Weblogs im unternehmerischen Umfeld, Berlin, 2006, S. 32

Umfelder des Unternehmens betreffen und neben Marketing- auch Produkt- und Ablaufideen sowie Optimierungen liefern.

Zusätzlich dazu wäre es denkbar, ein offenes Blog einzurichten, in dem jeder Mitarbeiter seine Ideen und Vorschläge eintragen kann. Diese könnten anschließend kommentiert und bewertet werden, sodass sich besonders empfehlenswerte Beiträge mit hohem Potenzial herauskritsalisieren.

Mit den informierenden Blogs wäre weiterhin denkbar, Mitarbeiter über laufende Innovationsprozesse zu informieren und Anregungen zur Optimierung des Innovationsmangements zu erhalten.

Eine weitere Communitytechnik wird vom Autozulieferer und Wehrtechnik- spezialist Rheinmetall genutzt. Dieser hat unternehmensintern ein soziales Netzwerk eingerichtet. Es wird vorwiegend eingesetzt, um Ansprechpartner zu finden, die auf der Plattform ihre Kenntnisse eingetragen haben. Dadurch werden Kommunikationswege verkürzt und Arbeitsgruppen und Teams schneller organisiert, was beispielsweise bei einem Forschungs- und Entwicklungsprojekt zu Zeitverkürzungen führt und die Möglichkeit bietet, mehr Mitarbeiter in die Forschung einzubeziehen.[59]

---

[59] Vgl. Schmidt, Holger: Web 2.0 in Unternehmen: Schichtleiter-Blog statt Twitter: http://faz-community.faz.net/blogs/netzkonom/archive/2008/10/13/...

7. Zusammenfassung und Ausblick

7.1 Zusammenfassung

Mit dieser Arbeit wurde ein Überblick über die Möglichkeiten gegeben, Innovationen aus Social Media zu generieren. Diese Innovationen verhelfen Unternehmen zu neuen Denkweisen, verkürzen Entwicklungsprozesse und entlasten das Innovationsmanagement.

Es konnte festgestellt werden, dass einige Unternehmen bereits sehr erfolgreich von Online-Communities profitieren. Dell beispielsweise betreibt das Ideenportal Ideastorm, ein eigenes Blog Network und eine Vielzahl von verschiedenen Foren. Damit ist Dell Vorreiter für die Nutzung von Social Media für unternehmerisches Innovationsmanagement.

Viele andere Firmen wie Starbucks, IBM, Daimler und Tchibo folgen den Beispielen und können über erste Erfolge berichten. Jedoch sind viele Unternehmen bisher kaum auf Social Media eingegangen und betreiben lediglich eine eigene Homepage, die Interaktionen mit Internetnutzern kaum ermöglicht. Das ist auf verschiedene unternehmerische Faktoren zurückzuführen. Nicht für jedes Unternehmen eignen sich die hier vorgestellten Medien. Nahezu jede Marke, deren Zielgruppe nicht der Internetgemeinde ähnelt, wird kaum einen Nutzen aus Social Media ziehen können. Zu erwähnen wären als Beispiel Produkte für ältere Menschen, wie Gehhilfen und Hörgeräte. Weiterhin bieten tägliche Gebrauchsgegenstände, wie Geschirr, Taschentücher und Besteck wenig Potenzial zur Nutzung von Social Media.

Es können eher vorwiegend moderne aktuelle Produkte und populäre Marken von sozialen Medien profitieren. Für Computer, Handys und andere elektrische Geräte gibt es bereits eine große Anzahl von Social Media-Plattformen.

Produktbewertungsportale eignen sich hierbei sehr gut, ein erstes Feedback über die Produkte einer Marke zu bekommen und erste offene Kritik und mögliches Innovationspotenzial zu erkennen.

Beliebte Unternehmen, deren Nutzerschaft willens ist, sich an Communities zu beteiligen, sollten unbedingt Social Media berücksichtigen. Starbucks ist dafür ein gutes Beispiel.

Oftmals ist es gar nicht notwendig, eine Community zu gründen. Die Anzahl an bestehenden Plattformen ist bereits relativ hoch. Durch solche Seiten können Firmen schnell, einfach und günstig einen Einblick in das Potenzial von Social Media bekommen und eventuell anhand dessen eigene Modelle kreieren.

Diese firmeneigenen Portale bieten Vorteile bezüglich der Kontrolle und der Unabhängigkeit von anderen Anbietern. Jedoch erfordern sie ein höheres Maß an Betreuung und bedürfen höherer Unterhaltskosten.

Gelingt es dem Unternehmen jedoch, eine Nutzergemeinde an die Marke zu binden und sie zu motivieren, Kritik und Lösungsvorschläge zu äußern, so können mit solchen Portalen große Erfolge verzeichnet werden.

Dabei muss nicht hinter jedem Eintrag in der Community eine große Innovation stecken. Es reichen bereits kleine Änderungen an bestehenden Produkten, um diese zu verbessern und für weitere mögliche Kunden attraktiv zu machen. Am Beispiel von Dells IdeaStorm konnte dies bereits mehrfach gezeigt werden. Durch den oftmals geäußerten Wunsch nach Open-Scource Software, Linux Betriebssystemen und speziellen Softwarepaketen konnte Dell sein Produktportfolio erweitern und eine größere Masse an Kunden ansprechen.[60]

Viele weitere Ideen verbesserten bereits die eigenen Produkte und trugen somit ihren Teil dazu bei, das Innovationsmanagement im Unternehmen zu verbessern. Social Media bietet also einen eindeutigen Nutzen für Ideengenerierung und Innovationsmanagement. Jedoch muss für jeden Konzern spezifisch analysiert werden, welche Methode der Nutzung von Social Media am vielversprechendsten und wirtschaftlich effektiv ist.

---

[60] Vgl. Förster & Kreuz Business Space Center: Dell Idea Storm: http://spacecenter.foerster-kreuz.com/2008/07/dell-idea-storm.html

7.2 Ausblick

In dieser Arbeit wurden vorwiegend moderne Unternehmen und bekannte Marken vorgestellt, mit denen sich Kunden identifizieren. Dabei herrscht eine hohe Bindung an die Marke vor. Ohne diese Bindung ist es für Unternehmen schwer, eine Plattform zu kreieren, in der Nutzer Lösungsvorschläge liefern. Es wäre jedoch denkbar, eine Möglichkeit zu erstellen, die das Potenzial solcher Plattformen für jedes Unternehmen untersucht und, wenn nötig, erhöht.

Sollte diese Methode der Ideengenerierung jedoch sehr großes Interesse bei Unternehmen wecken, ist eine Marktüberfrachtung zu befürchten. Nicht jeder Konsument hat die Zeit und den Willen, Ideen und Lösungen für jeden seiner Gebrauchsgegenstände auszuarbeiten und zu äußern.

Social Media eignet sich sehr gut für virales Marketing mittels interessanter Videos, die unter den Nutzern weiterverbreitet werden und einen Werbeeffekt besitzen. Viele Unternehmen nutzen diesen Verbreitungseffekt im Internet durch humorvolle Werbevideos bereits relativ erfolgreich.[61]

Soziale Netzwerke bieten die Möglichkeit, Geschäftskontakte zu knüpfen und bei einem unternehmensinternen Einsatz die Kommunikation und Teamarbeit im Konzern zu unterstützen. Eine Untersuchung der Vor- und Nachteile und des Nutzerverhaltens wäre sicherlich vielversprechend.

In Anbetracht des Designs und der Technik verschiedener hier dargestellter Social Media Plattformen wäre es denkbar, die Homepages verschiedener Unternehmen zu vergleichen und Verbesserungspotenzial aufzuzeigen, um diese attraktiver zu machen. Der Einsatz moderner Technik, wie beispielsweise teilweises Nachladen der Website, wäre hierbei lukrativ.

Die Thematik der Innovationsprozesse im Unternehmen könnte tiefgehender analysiert werden und besonders im Bezug zu Aufwänden konkrete Beispiele und Untersuchungen liefern. Ein konkreter Kostenvergleich der verschiedenen Modelle wäre dabei als Teil einer Wirtschaftlichkeitsbetrachtung vielversprechend.

Weiterhin sind in diesem Thema die rechtlichen Aspekte nicht außer Acht zu lassen. Es muss unbedingt festgelegt werden, wem eine Idee rechtlich zusteht,

---

[61] Vgl. Klesse, Hans-Jürgen: Die besten Video-Beispiele für virales Marketing, Wirtschaftswoche: http://www.wiwo.de/technik/die-besten-video-beispiele-fuer-virales-marketing-389546/

wenn diese durch ein Unternehmen aus sozialen Medien genutzt wird. Entlohnung, Patentierung und Erfolgsbeteiligung an diesen Innovationen sind dabei wichtige Anhaltspunkte.

Die potenziellen Interessenten für solche Entwicklungsprozesse müssen tiefgründig analysiert werden. Deren Motivation muss untersucht und gestärkt werden. Dabei ist es wichtig, die Beziehung zwischen Kunden und Hersteller zu untersuchen. Zu diesem Thema wurden bereits die Möglichkeiten angerissen, mit unzufriedenen Kunden über Soziale Plattformen, wie Foren und Produktvergleichsseiten in Kontakt zu treten. Diesbezüglich könnten Programme aufgestellt werden, die die Servicequalität besonders für solche Kunden erhöhen.

Die Kundenzufriedenheit sollte immer Ziel für unternehmerisches Innovationsmanagement sein. Darauf muss auch bei der Nutzung von Social Media geachtet werden.

Ein weiteres Ziel ist dabei weiterhin, mit möglichst wenig Aufwand, möglichst wirtschaftlich erfolgreich zu sein und die Vorteile von Social Media für die moderne Unternehmung zu nutzen.

Anhang

Abb. 4 Screenshot von ThoughtBlend

Quelle: www.thoughtblend.com/index.asp, Zugriff 10.07.2009

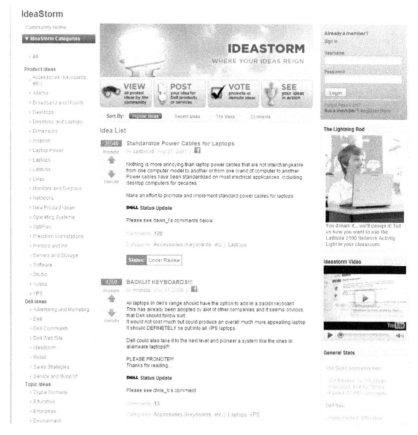

Abb. 5 Screenshot von Dell IdeaStorm

Quelle: http://www.ideastorm.com/, Zugriff 10.07.2009

Abb. 6 Screenshot aus offenen Ideen-Lounges

Quelle: http://www.brainfloor.com/habe_ideen.html, Zugriff 18.07.2009

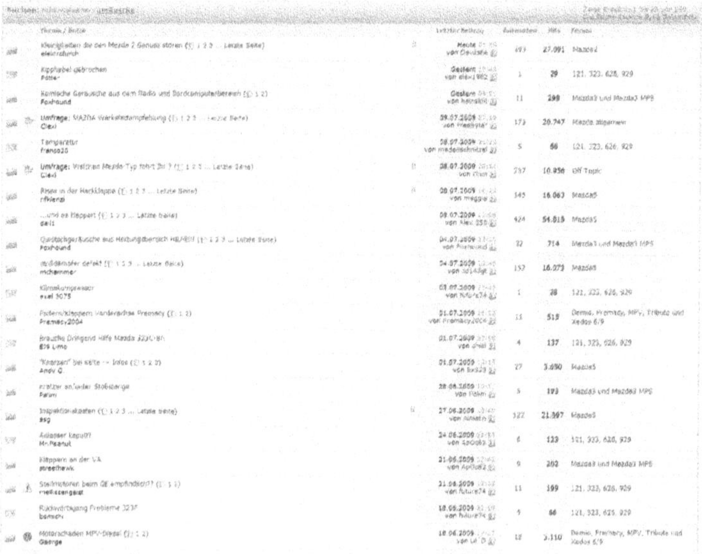

Abb. 7 Suchergebnisse im Mazda Forum

Quelle: http://www.mazda-forum.info/search.php?searchid=322634, Zugriff 11.07.2009

Quellenverzeichnis

Ausschnitt aus Geizhals Produktbewertungen:
http://geizhals.at/deutschland/?sr=366844,-1,5125390#5125390, Zugriff
14.07.2009

Bartel, Rainer: Blogs für alle - das Weblog Kompendium, Düsseldorf, 2007,
SmartBooks Publishing AG

Berg, Christian: Definition: Social Media: http://blog.lprs.de/?p=27, Zugriff
10.08.2009, Veröffentlichung 20.05.2009

Common Craft: Social Media in Plain English,
http://www.commoncraft.com/store-item/socialmedia, Zugriff 09.07.2009, Veröffentlichung 28.05.2008

Daimler-Blog: Hier Bloggen Mitarbeiter: http://blog.daimler.de/hier-bloggen-
mitarbeiter/, Zugriff 22.07.2009

Dell Blog Network: http://en.community.dell.com/blogs/, Zugriff 10.08.2009

Dell Ideas in Action:
http://en.community.dell.com/blogs/ideasinaction/default.aspx, Zugriff
10.07.2009

DSLR-Forum: http://www.dslr-forum.de/, Zugriff 11.07.2009

Duden: Die deutsche Rechtschreibung, Ausgabe 21, Mannheim, 1996, Biblio-
graphisches Institut & F.A. Brockhaus AG

electrobeans: 256GB USB-Stick von Kingston:
http://www.electrobeans.de/archiv/2009/07/256gb_usb_stick_von_kingston.html
Zugriff 22.07.2009, Veröffentlichung 20.07.2009

electrobeans: Review Rollei x-8 Sports:
http://www.electrobeans.de/archiv/2009/04/review_rollei_x-8_sports.html,
Zugriff 22.07.2009, Veröffentlichung 17.04.2009

Erfahrungsberichte zu Canon PIXMA iP2600:
http://www.ciao.de/Erfahrungsberichte/Canon_PIXMA_IP2600__7812083,
Zugriff 12.07.2009

Fittkau &Maaß Consulting: Twitter - DerSpatz im Reich der großen Web 2.0-Tiere: http://www.w3b.org/web-20/twitter-der-spatz-im-reich-der-grossen-web-20-tiere.html, Zugriff 20.07.2009, Veröffentlichung 13.07.2009

Förster & Kreuz Business Space Center: Dell Idea Storm: http://spacecenter.foerster-kreuz.com/2008/07/dell-idea-storm.html, Zugriff 11.08.2009

Geizhals Preisvergleich: Zahlen und Fakten: http://unternehmen.geizhals.at/about/de/info/zahlen-und-fakten/, Zugriff 14.07.2009

Higgins, James; Wiese, Gerold: Innovationsstrategien: Potentiale ausschöpfen, Ideen umsetzen, Marktchancen nutzen, Stuttgart, 1998, Schäfer-Poeschel Verlag

Homepage des T-Shirt Anbieters Threadless: http://www.threadless.com/, Zugriff 15.07.2009

IdeaTorrent Startseite: http://www.ideatorrent.org/, Zugriff 10.07.2009

Kammerer, Matthias: Open Innovation - Ursachen, Instrumente und Motivation der Öffnung des Innovationsprozesses, Mainz, 2008, GRIN Verlag

Klein, Alexander: Weblogs im unternehmerischen Umfeld, Berlin, 2006, Berufsakademie in der Fachhochschule für Wirtschaft Berlin

Klesse, Hans-Jürgen: Die besten Video-Beispiele für virales Marketing, Wirtschaftswoche: http://www.wiwo.de/technik/die-besten-video-beispiele-fuer-virales-marketing-389546/, Zugriff 01.08.2009, Veröffentlichung 04.03.2009

Lübeck, Jürgen: Bluepedia: http://blog.juergen-luebeck.de/archives/1125-Bluepedia.html, Zugriff 17.07.2009, Veröffentlichung 20.04.2008

Mazda Forum: http://www.mazda-forum.info/forum.php, Zugriff 11.07.2009

Mazda Forum Thread für Änderungswünsche: http://www.mazda-forum.info/mazda3-und-mazda3-mps/26126-aenderungswuensche-und-ideen-fuer-mazda.html, Zugriff 12.07.2009, Veröffentlichung 11.07.2009

Moisel, Jörg: Scheinwerfertests zur Sommer-Sonnenwende: http://blog.daimler.de/2009/07/15/scheinwerfertests-zur-sommer-sonnenwende/, Zugriff 22.07.09, Veröffentlichung 15.07.2009

my Starbucks Idea: Ideas in Action:
http://blogs.starbucks.com/blogs/customer/default.aspx, Zugriff 10.07.2009

o.V.: Tchibo Ideas kommt in die Regale: http://www.onetoone.de/Tchibo-Ideas-kommt-in-die-Regale-16088.html, Zugriff 10.07.2009, Veröffentlichung 30.06.2009

o.V.: Companice: Ich hab da ne (Starbucks) Idee:
http://companice.twoday.net/stories/4813422/, Zugriff 15.07.2009, Veröffentlichung 25.03.2008

Plieninger, Markus, Schapke, Falk: Webmonitoring und Websitemonitoring, Würzburg, 2003, GRIN Verlag

Point of Origin: Dell Community: best practice für Einsatz von sozialen Medien: http://www.pointoforigin.at/marketing_p--blogdetail__blogid--13.html, Zugriff 10.08.2009, Veröffentlichung 19.06.2008

Prämien bei brainfloor.com: http://www.brainfloor.com/thema.html?_rid=9, Zugriff 18.07.2009

pressebox: HP und ciao.de entwickeln innovative Marketingkampagne mit Pre-Testing, http://www.pressebox.de/pressemeldungen/ciao-gmbh/boxid-260015.html, Zugriff 12.07.2009, Veröffentlichung 04.05.2009

Pressetext Nachrichtenagentur: Unternehmen verschwenden Innovationspo-tenzial, Wien/ Zürich,
https://www.klamm.de/partner/unter_news.php?l_id=17&news_id=20090518LL001287&page=1&sparte=it&a_datum=18.05.2009, Zugriff 16.07.2009, Veröf-fentlichung 18.05.2009

Prospective Media Services AG: Soziale Netzwerke werden von zwei Dritteln aller deutschen Internet-User genutzt:
http://blog.prospective.ch/2009/05/soziale-netzwerke-werden-von-zwei-dritteln-aller-deutschen-internet-user-genutzt-%E2%80%93-personliche-kommunikation-bleibt-favorit/, Zugriff 21.07.2009, Veröffentlichung 08.05.2009

Rademacher, Rochus: „Das IBM-Intranet kann so etwas wie ein Register gebrauchen", Computerzeitung, :
http://www.computerzeitung.de/articles/das_ibm-intra-net_kann_so_etwas_wie_ein_register_gebrauchen:/2008007/31395755_ha_CZ.html?null, Zugriff 17.07.2009, Veröffentlichung 07.02.2008

Referenzen von brainfloor.com:
http://www.brainfloor.com/thema.html?_rid=112, Zugriff 18.07.2009

Ritter Sport Olympia Kanal bei YouTube: http://www.youtube.com/rittersport,
Zugriff 15.07.2009

Roskos, Matias: Crowdsourcing, 2008,
http://createordie.de/cod/artikel/Crowdsourcing-2068.html?print=1, Zugriff
10.07.2009, Veröffentlichung Dezember 2008

Salesforce: Dell nutzt die Vorteile von Salesforce-CRM:
http://www.salesforce.com/de/customers/hi-tech-hardware/dell.jsp, Zugriff
10.08.2009

Schmidt, Holger: 734 Millionen Menschen nutzen Soziale Netzwerke: http://faz-
community.faz.net/blogs/netzkonom/archive/2009/07/04/734-millionen-
menschen-nutzen-soziale-netzwerke.aspx, Zugriff 16.07.2009, Veröffentlichung
04.07.2009

Schmidt, Holger: Web 2.0 in Unternehmen: Schichtleiter-Blog statt Twitter:
http://faz-community.faz.net/blogs/netzkonom/archive/2008/10/13/web-2-0-in-
unternehmen-schichtleiter-blog-statt-twitter.aspx, Zugriff 21.07.2009, Veröffentlichung 13.10.2008

Startseite von brainfloor.com: http://www.brainfloor.com/welcome.html, Zugriff
18.07.2009

Tchibo Ideas Lösungen: https://www.tchibo-
ideas.de/index.php/loesungen?source=NAVI, Zugriff 10.07.2009

ThoughtBlend: Most Rated Ideas
http://thoughtblend.com/ideas.asp?cid=&sf=bi&sq=, Zugriff 10.07.2009

Tintelnot, Claus, Meisser, Dirk, Steinmeier, Ina: Innovationsmanagement, Berlin, 1999, Springer-Verlag

Treichl, Hannes: Marktchance Crowdsourcing, 2007,
http://www.andersdenken.at/crowdsourcing/, Zugriff 10.07.2009, Veröffentlichung 11.02.2007

Twitter Suchergebnisse für „hate nokia" am 20.07.2009:
http://search.twitter.com/search?q=hate+nokia, Zugriff 20.07.2009

Wagner, Elisabeth: Wie man ein Firmen-Wiki zum Laufen bringt, Computerwoche, :

http://www.computerwoche.de/job_karriere/personal_management/1868054/index.html#d2e116, Zugriff 17.07.2009, Veröffentlichung 04.07.2008

Winkler, Thomas: Entwicklung eines Instrumentariums zur Erfolgsanalyse von Innovationsprojekten, Frankfurt am Main, 1999, Peter Lang GmbH

Women Exist, Glossar von A bis Z:
http://www.dripartner.de/conpresso/abisz/glossar.htm, Zugriff 10.08.2009

YouTube Kanal von T-Mobile G1 Handy:
http://www.youtube.com/tmobileg1handy, Zugriff 10.07.2009